Samuel,
prophète de Dieu
1

Saül,
un roi
pour Israël
2

3

4

Le roi David
5

La sagesse
de Salomon
6

Le temple
de Salomon
7

La visite de la
reine de Saba
8

Élie demande
du pain
9

Le sacrifice
d'Élie
10

Élie est enlevé
au ciel
11

Naaman est
guéri de la lèpre
12

Samuel, prophète de Dieu

VIGNETTE

Samuel devient grand.
Le Seigneur est avec lui.
Et tout ce que Samuel
dit de la part du Seigneur,
le Seigneur le fait.

1 Samuel 3.19

Saül, un roi pour Israël

VIGNETTE

Samuel prend une petite bouteille d'huile.
Il la verse sur la tête de Saül et il l'embrasse.
Puis il dit : « Le Seigneur lui-même t'a consacré pour que tu sois le chef du peuple qui lui appartient. »

1 Samuel 10.1

David combat contre Goliath

« Toi, tu viens contre moi
avec une épée, une lance
et une autre arme.
Et moi, je viens contre toi
au nom du Seigneur de l'univers,
le Dieu de l'armée
d'Israël que tu as insulté ! »

1 Samuel 17.45

VIGNETTE

David et Jonathan

Alors Jonathan fait un pacte d'amitié avec David, parce qu'il l'aime comme lui-même.

1 Samuel 18.3

VIGNETTE

Le roi David

David a 30 ans quand il devient roi et il sera roi pendant 40 ans.

2 Samuel 5.4

VIGNETTE

La sagesse de Salomon

Dieu a donné à Salomon une profonde sagesse et une vive intelligence. Les choses auxquelles il s'intéresse sont aussi nombreuses que les grains de sable au bord de la mer.

1 Rois 5.9

VIGNETTE

Le temple de Salomon

C'est la quatrième année
que Salomon est roi.
Il fait poser les fondations
du temple au mois de Ziv.

1 Rois 6.37

La visite de la reine de Saba

VIGNETTE

La reine de Saba a entendu parler de Salomon. Elle vient donc lui poser des questions difficiles, pour voir s'il est vraiment un sage.

1 Rois 10.1

Élie demande du pain

« N'aie pas peur ! Rentre chez toi et fais ce que tu as dit. Seulement, avec ce qui te reste, prépare-moi d'abord une petite galette, et tu me l'apporteras. Ensuite, tu en prépareras une autre pour ton fils et pour toi. »
1 Rois 17.13

VIGNETTE

Le sacrifice d'Élie

Le Seigneur fait descendre
du feu qui brûle le sacrifice, le bois,
les pierres et la poussière.
Le feu avale aussi
l'eau du
fossé.

1 Rois 18.38

VIGNETTE

Élie est enlevé au ciel

Un char de feu arrive, tiré par des chevaux de feu et il se place entre Élie et Élisée. Élie monte au ciel dans la tornade.

2 Rois 2.11

VIGNETTE

Naaman est guéri de la lèpre

Alors Naaman descend dans le Jourdain. Il plonge sept fois dans l'eau, comme Élisée l'a commandé. Sa peau est de nouveau comme celle d'un petit enfant, et il devient pur.

2 Rois 5.14

VIGNETTE

La protection du Seigneur

« Quand le lion ou le lionceau rugit pour garder l'animal qu'il a pris, on fait appel contre lui à de nombreux bergers. Mais il n'a pas peur de leurs cris. Le bruit qu'ils font ne le trouble pas. Ce sera pareil quand moi, le Seigneur de l'univers, je descendrai sur la montagne de Sion pour faire la guerre. »

Esaïe 31.4

VIGNETTE

Celui qui apporte une bonne nouvelle

Quelle joie de voir arriver sur les montagnes
un messager qui apporte une bonne
nouvelle ! Il annonce la paix,
le bonheur et le salut.
Il te dit, Jérusalem :
« Ton Dieu est roi. »

Esaïe 52.7

VIGNETTE

Des ennemis de tous côtés

« Voici les ennemis : ils avancent comme des nuages d'orage. Leurs chars sont rapides comme la tempête, leurs chevaux vont plus vite que les aigles.
Quel malheur !
Nous sommes perdus ! »

Jérémie 4.13-14

Le grand désastre

La neuvième année où Sédécias était roi de Juda, le dixième mois, Nabucodonosor, roi de Babylone, est venu attaquer Jérusalem avec toute son armée.

Jérémie 39.1

VIGNETTE

La statue d'or du roi

Le roi Nabucodonosor commande une statue d'or, haute de trente mètres et large de trois mètres. Il la fait dresser dans la plaine de Doura, dans la province de Babylone.

Daniel 3.1

VIGNETTE

La fournaise ardente

Le roi dit : « Je vois quatre hommes non attachés qui marchent au milieu du feu. Ils n'ont aucune blessure, et le quatrième ressemble à un être du ciel. »

Daniel 3.25

VIGNETTE

Daniel dans la fosse aux lions

« Mon Dieu a envoyé son ange, qui a fermé la gueule des lions. Ceux-ci ne m'ont fait aucun mal. En effet, Dieu m'a jugé innocent, et envers toi, mon roi, je n'ai commis aucune faute non plus. »

Daniel 6.22

VIGNETTE

Le livre de la loi

Depuis le lever du soleil jusqu'à midi, Esdras lit dans le livre de la loi devant l'assemblée. Tout le peuple écoute attentivement cette lecture.

Néhémie 8.2-3

VIGNETTE

La reine Esther

Le roi devient
amoureux d'Esther...
Il pose la couronne royale
sur sa tête et il la fait
reine à la place de Vasti.

Esther 2.17

Esther supplie le roi pour son peuple

La reine Esther dit :
« Mon roi, si tu veux bien me montrer ta bonté, et si tu le juges bon, laisse-moi en vie et laisse aussi vivre mon peuple. »

Esther 7.3

VIGNETTE

Jonas fuit

Jonas se met en route, mais pour fuir à Tarsis, loin du Seigneur. Il arrive à Jaffa. Là, il trouve un bateau qui part pour Tarsis. Il paie son voyage. Puis il monte dans le bateau, pour aller avec les marins à Tarsis, loin du Seigneur.

Jonas 1.3

VIGNETTE

Dans le ventre du grand poisson

Le Seigneur envoie un grand poisson pour avaler Jonas. Jonas reste dans le ventre du poisson trois jours et trois nuits.

Jonas 1.17

VIGNETTE

La protection du Seigneur
13

Celui qui apporte une bonne nouvelle
14

Des ennemis de tous côtés
15

Le grand désastre
16

La statue d'or du roi
17

La fournaise ardente
18

Daniel dans la fosse aux lions
19

Le livre de la loi
20

La reine Esther
21

Esther supplie le roi pour son peuple
22

Jonas fuit
23

Dans le ventre du grand poisson
24